Impressum
Verlag: BABADADA GmbH, Nedderfeld 112 , 22529 Hamburg
Geschäftsführer / Verlagsleitung: Harald Hof
Druck: Books on Demand GmbH, In de Tarpen 42, 22848 Norderstedt

Imprint
Publisher: BABADADA GmbH, Nedderfeld 112 , 22529 Hamburg, Germany
Managing Director / Publishing direction: Harald Hof
Print: Books on Demand GmbH, In de Tarpen 42, 22848 Norderstedt

בית ספר
škola

כיתה
trieda
חילק
deliť
186/2
לוח
tabuľa
školský dvor
מורה
učiteľ
נייר
papier
כתב
písať
עט
pero
שולחן עבודה
písací stôl
סרגל
pravítko
ספר
kniha
תלמיד
žiak

ילקוט
školská taška

קלמר
peračník

עיפרון
ceruza

מחדד
strúhadlo na ceruzky

גומי מחיקה
guma

חוברת סרטוט
skicár

סרטוט

kresba

מברשת

štetec

קופסת צבעים

vodové farby

מספריים

nožnice

דבק

lepidlo

ספר תרגול

cvičný zošit

שיעור בית

domáca úloha

12

מספר

číslo

2+2

חיבר

sčítať

5-2

חיסר

odčítať

2×2

הכפיל

násobiť

חישב

počítať

A

אות

písmeno

ABCDEFG
HIJKLMN
OPQRSTU
VWXYZ

אלפבית

abeceda

hello

מילה

slovo

טקסט
text

קרא
čítať

גיר
krieda

שיעור
hodina

יומן נוכחות
triedna kniha

מבחן
skúška

תעודה
certifikát

תלבושת בית ספר
školská uniforma

חינוך
vzdelanie

אנציקלופדיה
encyklopédia

אוניברסיטה
univerzita

מיקרוסקופ
mikroskop

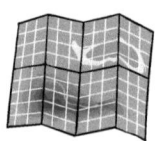

מפה
mapa

סל נייר
kôš na papier

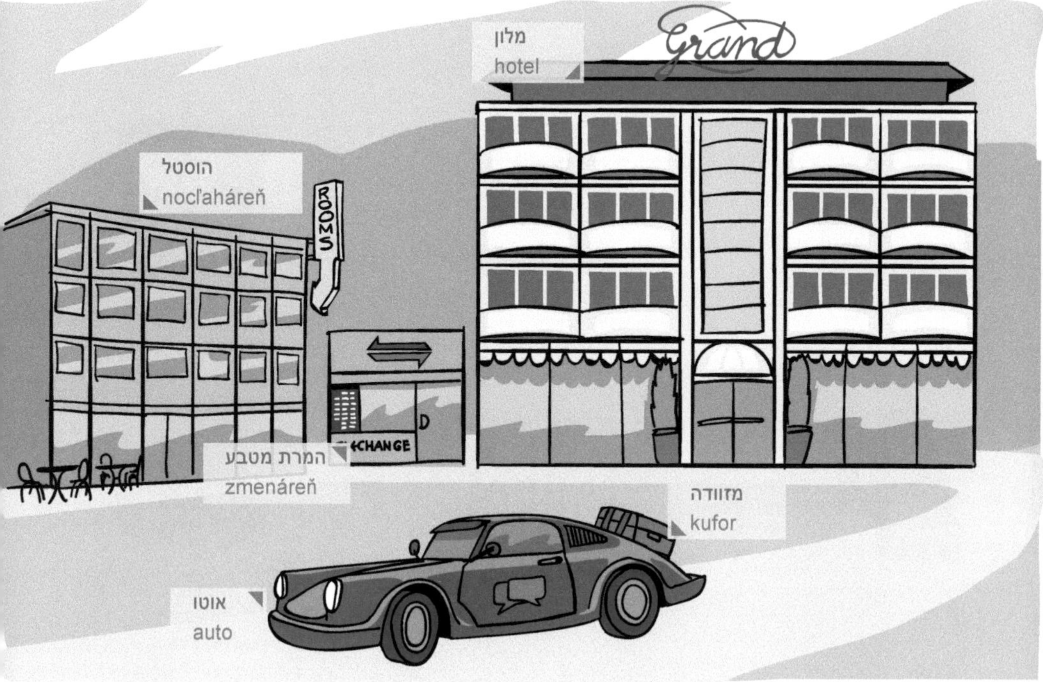

Grand
מלון
hotel
הוסטל
nocľaháreň
ROOMS
המרת מטבע
zmenáreň
מזוודה
kufor
אוטו
auto

שפה
....
jazyk

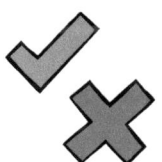

כן / לא
....
áno/nie

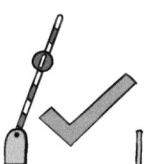

בסדר
....
v poriadku

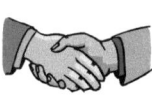

שלום
....
ahoj

מתרגם
....
prekladateľ

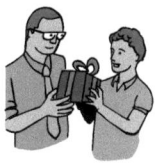

תודה
....
ďakujem

כמה עולה.....?

Koľko stojí ... ?

אני לא מבין

Nerozumiem

בעיה

problém

ערב טוב!

Dobrý večer!

בוקר טוב!

Dobré ráno!

לילה טוב!

Dobrú noc!

להתראות

Dovidenia

כיוון

smer

כבודה

batožina

תיק

taška

תרמיל גב

batoh

אורח

hosť

חדר

izba

שק שינה

spacák

אוהל

stan

מרכז מידע לתיירים

informácie pre turistov

חוף ים

pláž

כרטיס אשראי

kreditná karta

ארוחת בוקר

raňajky

ארוחת צהריים

obed

ארוחת ערב

večera

כרטיס

cestovný lístok

מעלית

výťah

בול

poštová známka

גבול

hranica

מכס

clo

שגרירות

veľvyslanectvo

אשרה

vízum

דרכון

cestovný pas

תחבורה
doprava

מטוס
lietadlo
אונייה
loď
כבאית
požiarnické auto
משאית
nákladné auto
אוטובוס
autobus
סירת מנוע
motorový čln
אוטו
auto
אופניים
bicykel

מעבורת

trajekt

סירה

loď

אופנוע

motorka

ניידת משטרה

policajné auto

מכונית מרוץ

pretekárske auto

רכב שכור

vozidlo z požičovne

מכוניות בשיתוף

carsharing

אוטו גרר

odťahové auto

משאית זבל

smetiarske auto

מנוע

motor

דלק

benzín

תחנת דלק

čerpacia stanica

תמרור

dopravná značka

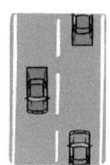

תנועה

premávka

פקק תנועה

zápcha

חניה

parkovisko

תחנת רכבת

vlaková stanica

פסי רכבת

trate

רכבת

vlak

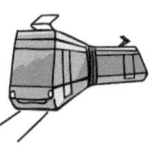

רכבת קלה

električka

קרון

vagón

מסוק

helikoptéra

שדה-תעופה

letisko

מגדל

veža

נוסע

pasažier

קונטיינר

kontajner

קרטון

kartón

עגלה

vozík

סל

kôš

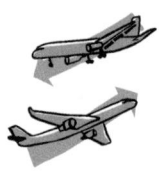

המראה / נחיתה

štartovať / pristáť

עיר

mesto

כפר

dedina

מרכז העיר

centrum mesta

בית

dom

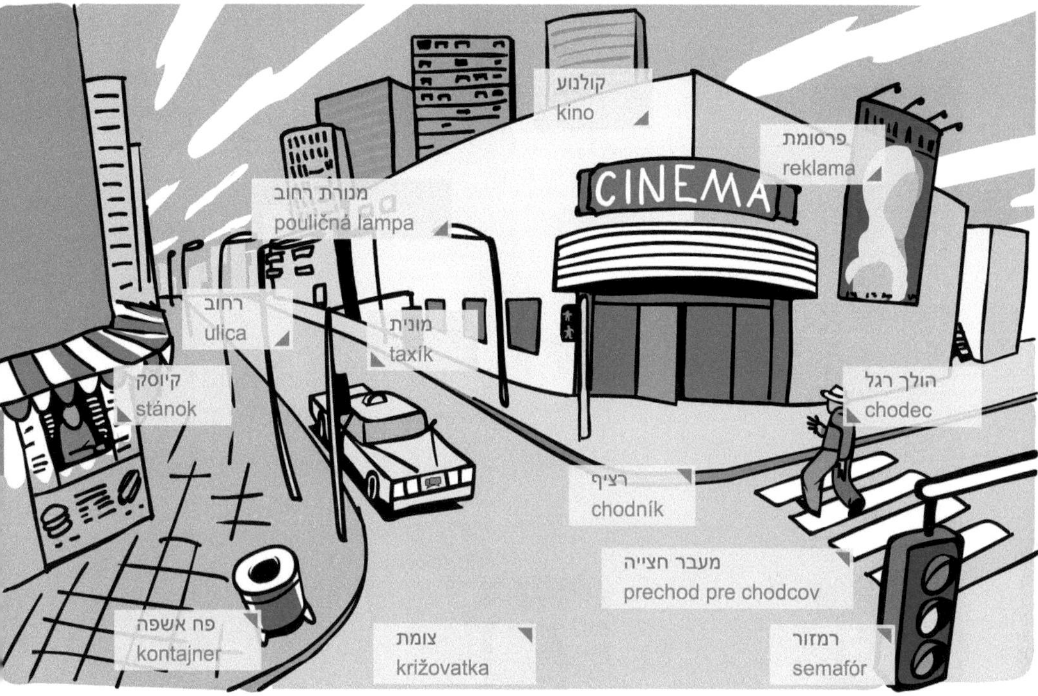

קולנוע
kino
פרסומת
reklama
CINEMA
מנורת רחוב
pouličná lampa
רחוב
ulica
מונית
taxík
קיוסק
stánok
הולך רגל
chodec
רציף
chodník
מעבר חצייה
prechod pre chodcov
פח אשפה
kontajner
צומת
križovatka
רמזור
semafór

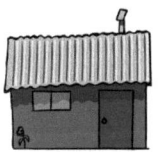

בקתה

chata

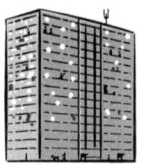

דירה

byt

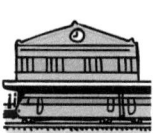

תחנת רכבת

vlaková stanica

עירייה

radnica

MUSEUM

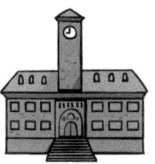

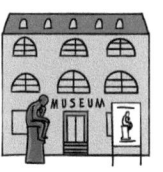

מוזיאון

múzeum

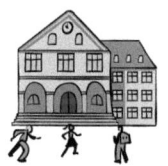

בית ספר

škola

אוניברסיטה
univerzita

בנק
banka

בית חולים
nemocnica

מלון
hotel

בית מרקחת
lekáreň

משרד
kancelária

חנות ספרים
kníhkupectvo

חנות
obchod

חנות פרחים
kvetinárstvo

סופרמרקט
supermarket

שוק
trh

כל-בו
obchodný dom

מוכר דגים
obchodník s rybami

קניון
nákupné stredisko

נמל
prístav

פארק

park

ספסל

lavička

גשר

most

מדרגות

schody

רכבת תחתית

metro

מנהרה

tunel

תחנת אוטובוס

autobusová zastávka

בר

bar

מסעדה

reštaurácia

תא דואר

poštová schránka

שלט רחוב

tabuľa s názvom ulice

מדחן

parkovacie hodiny

גן חיות

ZOO

בריכת שחיה

plaváreň

מסגד

mešita

חווה

farma

זיהום

znečisťovanie životného prostredia

בית עלמין

cintorín

כנסייה

kostol

מגרש משחקים

ihrisko

בית מקדש

chrám

נוף

terén

עלה
list

תמרור
smerová tabuľa

דרך
cesta

מרעה
lúka

אבן
kameň

עץ
strom

מטייל
turista

נהר
rieka

דשא
tráva

פרח
kvet

בקעה

dolina

הר

kopec

אגם

jazero

יער

les

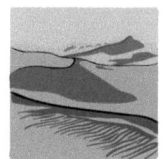

מדבר

púšť

הר געש

vulkán

טירה

zámok

קשת בענן

dúha

פטריה

hríb

דקל

palma

יתוש

komár

זבוב

mucha

נמלה

mravec

דבורה

včela

עכביש

pavúk

חיפושית

chrobák

צפרדע

žaba

סנאי

veverička

קיפוד

jež

ארנב

zajac

ינשוף

sova

ציפור

vták

ברבור

labuť

חזיר בר

diviak

צבי

jeleň

אייל הקורא

los

סכר

hrádza

טורבינת רוח

veterná turbína

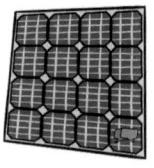

פנל סולארי

solárny panel

אקלים

podnebie

מסעדה
reštaurácia

מלצר
čašník
תפריט
jedálny lístok
כסא
stolička
מרק
polievka
פיצה
pizza
סכו"ם
príbor
מפת שולחן
obrus

מנת פתיחה

predjedlo

מנה עיקרית

hlavné jedlo

קינוח

zákusok

שתיות

nápoje

אוכל

jedlo

בקבוק

fľaša

מזון מהיר

fast-food

אוכל רחוב

street food

קנקן תה

kanvica na čaj

מסכרת

cukornička

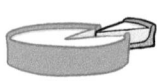

מנה

porcia

מכונת אספרסו

stroj na espresso

כסא תינוק

detská stolička

חשבון

účet

מגש

podnos

סכין

nôž

מזלג

vidlička

כף

lyžica

כפית

čajová lyžička

מפית

obrúsok

כוס

pohár

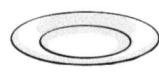

צלחת

tanier

קערת מרק

hlboký tanier

תחתית

podšálka

רוטב

omáčka

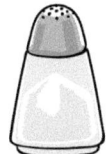

מלחייה

soľnička

מטחנת פלפל

mlynček na korenie

חומץ

ocot

שמן

olej

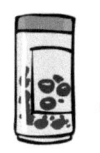

תבלינים

korenie

קטשופ

kečup

חרדל

horčica

מיונז

majonéza

סופרמרקט
supermarket

מבצע
špeciálna ponuka
FOR
לקוח
klient
מוצרי חלב
mliečne výrobky
פירות
ovocie
עגלת קניות
nákupný vozík

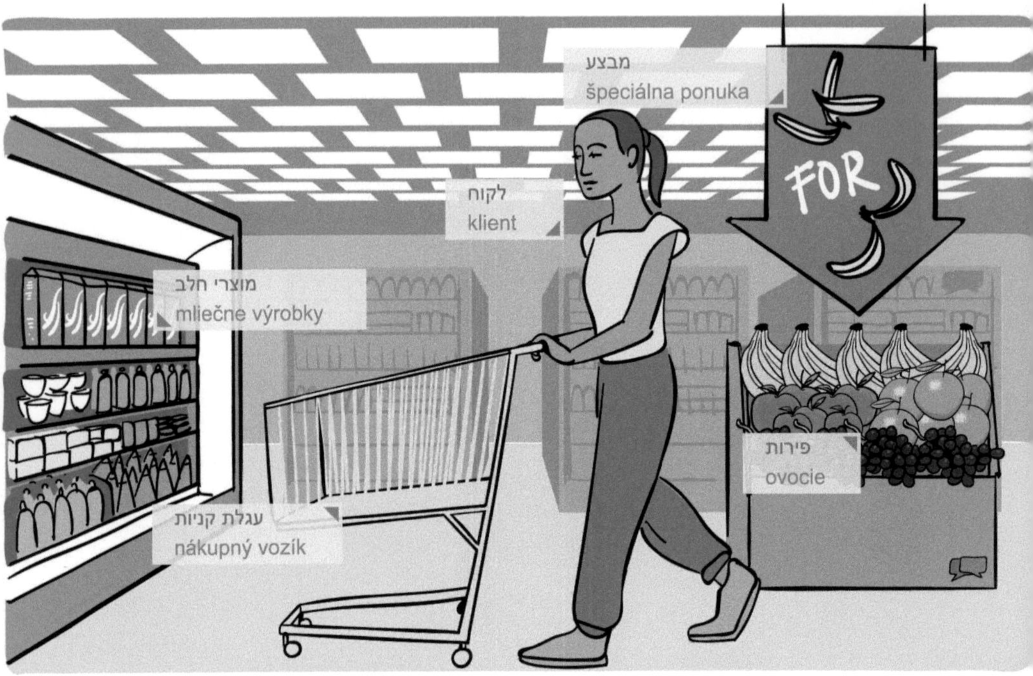

אטליז

mäsiarstvo

מאפייה

pekáreň

שקל

vážiť

ירקות

zelenina

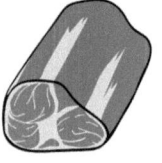

בשר

mäso

מזון קפוא

mrazené potraviny

בשר קר

nárez

שימורים

konzervy

אבקת כביסה

prací prostriedok

ממתקים

sladkosti

מוצרי בית

domáce potreby

חומר ניקוי

čistiace prostriedky

מוכרת

predavačka

קופה

pokladňa

קופאי

pokladník

רשימת קניות

nákupný zoznam

שעות פתיחה

otváracie hodiny

ארנק

peňaženka

כרטיס אשראי

kreditná karta

תיק

taška

שקית נילון

plastové vrecko

שתיות
nápoje

מים

voda

מיץ

džús

חלב

mlieko

קולה

kola

יין

víno

בירה

pivo

אלכוהול

alkohol

קקאו

kakao

תה

čaj

קפה

káva

אספרסו

espresso

קפוצ'ינו

kapučíno

בננה

banán

תפוח

jablko

תפוז

pomaranč

אבטיח

melón

לימון

citrón

גזר

mrkva

שום

cesnak

במבוק

bambus

בצל

cibuľa

פטריות

hríb

אגוזים

orechy

אטריות

rezance

ספגטי

špagety

אורז

ryža

סלט

šalát

צ'יפס

hranolky

צ'יפס

pečené zemiaky

פיצה

pizza

המבורגר

hamburger

כריך

obložený chlebík

שניצל

rezeň

שינקין

šunka

סלאמי

saláma

נקניקיה

klobása

עוף

kurča

טיגון

pečené mäso

דג

ryba

שיבולת שועל

ovsené vločky

מוזלי

müsli

קורנפלקס

kukuričné lupienky

קמח

múka

קרואסון

croissant

לחמנייה

pečivo

לחם

chlieb

טוסט

hrianka

עוגיות

sušienky

חמאה

maslo

גבינה לבנה

tvaroh

עוגה

koláč

ביצה

vajce

ביצת עין

volské oko

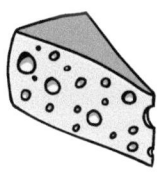

גבינה

syr

גלידה

zmrzlina

סוכר

cukor

דבש

med

ריבה

lekvár

ממרח נוגט

nugátová nátierka

קארי

karí korenie

חווה
farma

sedliacky dom
אסם
stodola
חבילת שחת
stoch slamy
שדה
pole
סוס
kôň
עגלת נגרר
príves
טרקטור
traktor
סייח
žriebä
חמור
somár
כבש
ovca
טלה
jahňa

עז
....
koza

פרה
....
krava

עגל
....
teľa

חזיר
....
prasa

חזרזיר
....
prasiatko

שור
....
býk

אווז

hus

ברווז

kačica

אפרוח

kuriatko

תרנגולת

sliepka

תרנגול

kohút

חולדה

potkan

חתול

mačka

עכבר

myš

שור

vôl

כלב

pes

מלונה

psia búda

צינור השקיה

záhradná hadica

קנקן מים

krhla

חרמש

kosa

מחרשה

pluh

מגל

kosák

מגרפה

motyka

קלשון

vidly na hnoj

גרזן

sekera

מריצה

fúrik

שוקת

koryto

כד חלב

kanva na mlieko

שק

vrece

גדר

plot

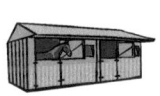

אורווה

maštaľ

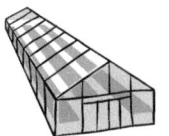

חממה

skleník

אדמה

pôda

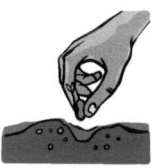

זרע

osivo

דשן

hnojivo

מקצרה

kombajn

קצר

žať

קציר

žatva

בטטה אפריקנית

batát

חיטה

pšenica

סויה

sója

תפוח אדמה

zemiak

תירס

kukurica

קנולה

repka

עץ פירות

ovocný strom

קסבה

maniok

דגנים

obilie

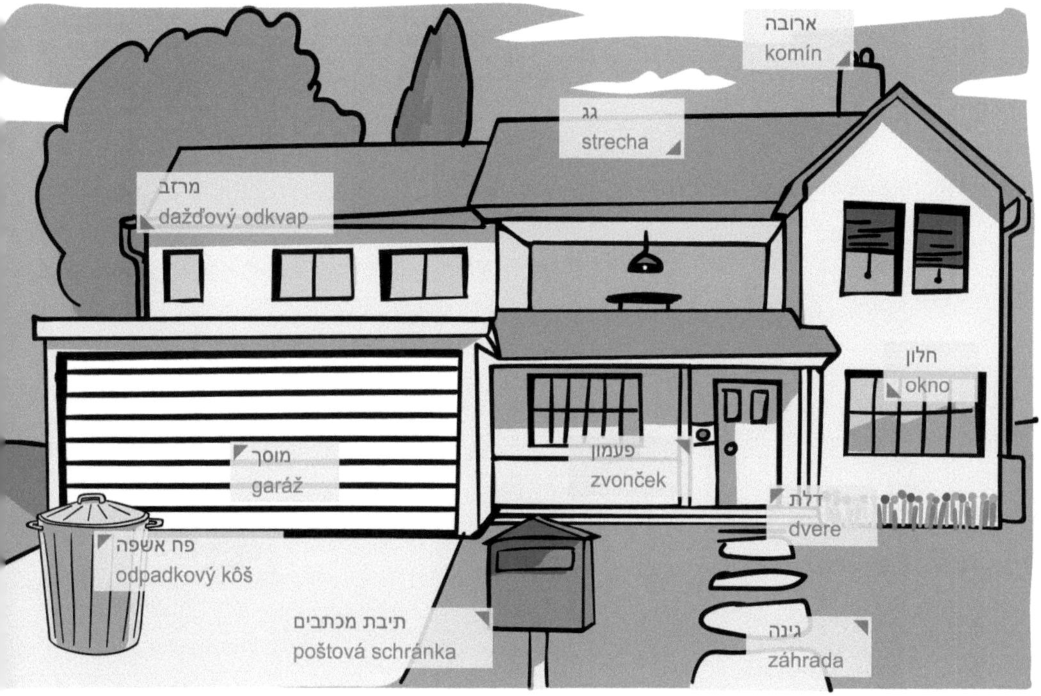

ארובה
komín

גג
strecha

מרזב
dažďový odkvap

חלון
okno

מוסך
garáž

פעמון
zvonček

דלת
dvere

פח אשפה
odpadkový kôš

תיבת מכתבים
poštová schránka

גינה
záhrada

סלון

obývačka

חדר אמבטיה

kúpeľňa

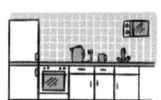

מטבח

kuchyňa

חדר שינה

spálňa

חדר ילדים

detská izba

חדר אוכל

jedáleň

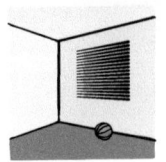

רצפה
podlaha

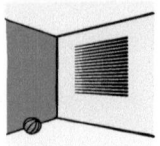

קיר
stena

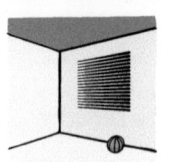

תקרה
strop

מרתף
pivnica

סאונה
sauna

מרפסת
balkón

מרפסת
terasa

בריכה
bazén

מכסחת דשא
kosačka

סדין
obliečka

כיסוי מיטה
posteľná prikrývka

מיטה
posteľ

מטאטא
metla

דלי
vedro

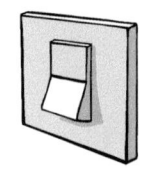

מפסק
vypínač

סלון
obývačka

טפט
tapeta
תמונה
obraz
מנורה
lampa
מדף
regál
ארון
skriňa
טלוויזיה
televízor
אח
kozub
פרח
kvet
כרית
vankúš
ספה
pohovka
אגרטל
váza
שלט רחוק
diaľkové ovládanie

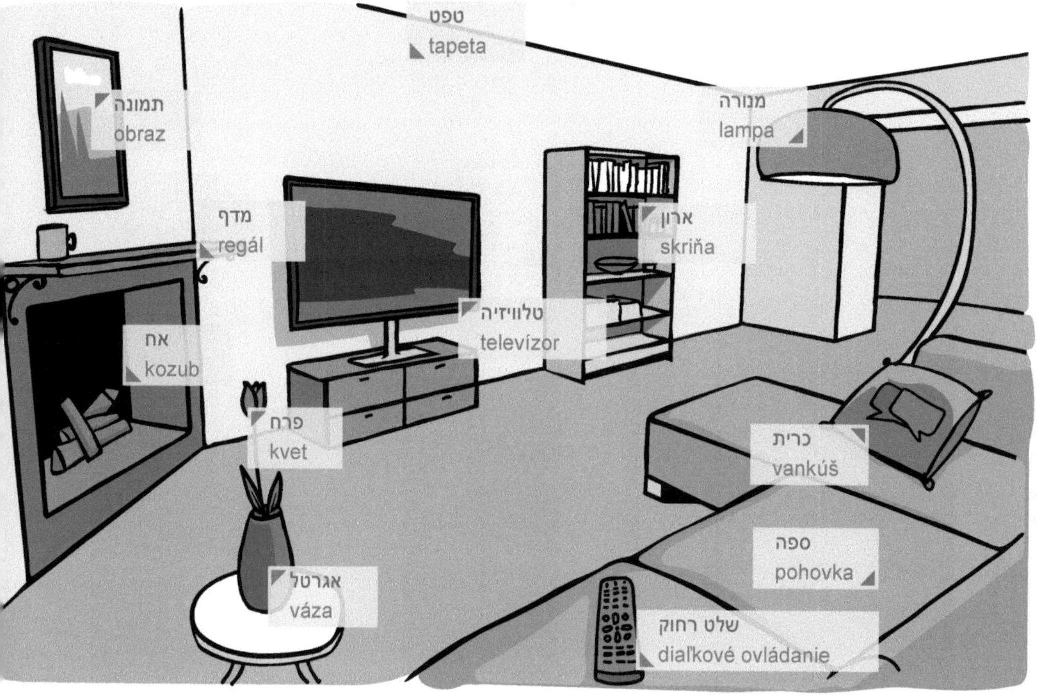

שטיח

koberec

וילון

záclona

שולחן

stôl

כסא

stolička

כיסא נדנדה

hojdacie kreslo

כורסה

kreslo

ספר

kniha

שמיכה

prikrývka

דקורציה

dekorácia

עצי הסקה

drevo na kúrenie

סרט

film

מערכת סטריאו

hi-fi veža

מפתח

kľúč

עיתון

noviny

ציור

maľba

פוסטר

plagát

רדיו

rádio

מחברת

zápisník

שואב אבק

vysávač

קקטוס

kaktus

נר

sviečka

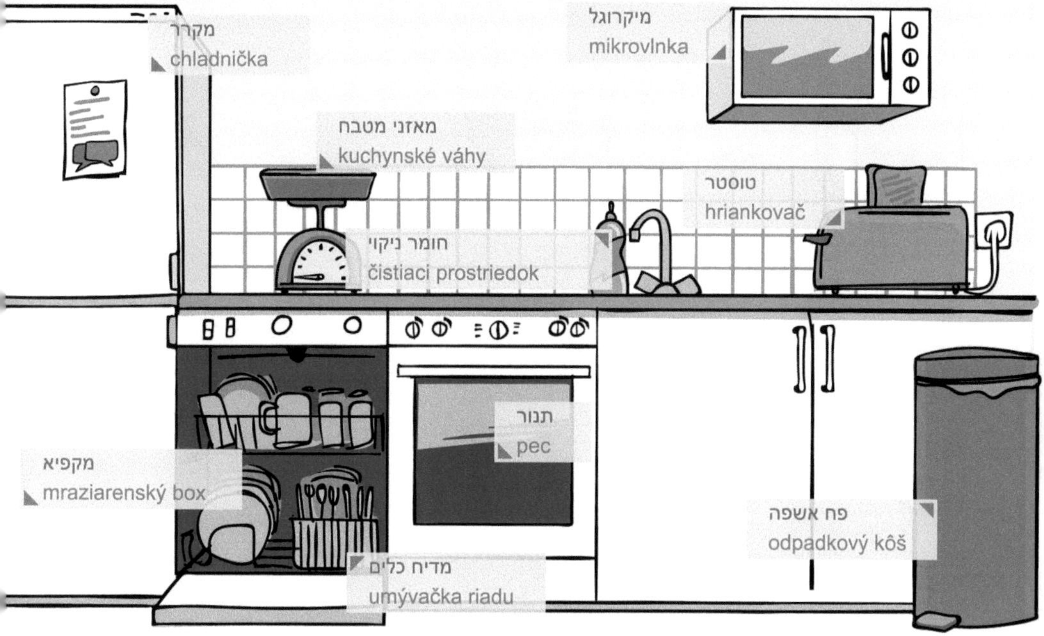

מקרר
chladnička

מיקרוגל
mikrovlnka

מאזני מטבח
kuchynské váhy

טוסטר
hriankovač

חומר ניקוי
čistiaci prostriedok

תנור
pec

מקפיא
mraziarenský box

פח אשפה
odpadkový kôš

מדיח כלים
umývačka riadu

תנור

sporák

סיר

hrniec

סיר ברזל

železný hrniec

ווק

wok / kadai

מחבת

panvica

קומקום חשמלי

rýchlovarná kanvica

מאדה

parný hrniec

מגש אפייה

plech na pečenie

כלי אוכל

riad

ספל

pohár

קערה

misa

צ'ופסטיקס

paličky

מצקת

naberačka na polievku

מרית

stierka

מטרפה

metlička

מסננת בישול

cedidlo

מסננת

sitko

מגרדת

strúhadlo

מכתש

mažiar

גריל

gril

מדורה

ohnisko

קרש חיתוך

doska na krájanie

מערוך

valček na cesto

פותחן פקקים

vývrtka

פחית

konzerva

פותחן קופסאות

otvárač na konzervy

מטלית

chňapka

כיור

výlevka

מברשת

kefa

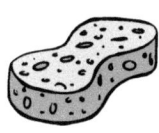

ספוג

hubka

בלנדר

mixér

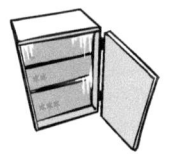

מקפיא

mraznička

בקבוק לתינוק

kojenecká fľaša

ברז

vodovodný kohútik

חדר אמבטיה
kúpeľňa

מקלחת
sprcha
חימום
kúrenie
מגבת
uterák
וילון מקלחת
sprchový záves
אמבטיית קצף
pena do kúpeľa
אמבטיה
vaňa
כוס
pohár
מכונת כביסה
práčka
ברז
vodovodný kohútik
אריחים
dlaždice
סיר לילה
nočník
כיור
výlevka

אסלה

záchod

אסלת כריעה

suchý záchod

בידה

bidet

משתנה

pisoár

נייר טואלט

toaletný papier

מברשת אסלה

záchodová kefa

מברשת שיניים

zubná kefka

משחת שיניים

zubná pasta

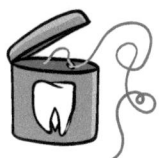

חוט דנטלי

dentálna niť

שטף

umývať

מקלחת יד

ručná sprcha

צינור שטיפה לשירותים

sprcha pre intímnu hygienu

קערת רחצה

umývadlo

מברשת גב

kefa na chrbát

סבון

mydlo

ג'ל רחצה

sprchový gél

שמפו

šampón

ליפה

frotírová rukavica

ניקוז

odtok

קרם

krém

דיאודורנט

dezodorant

מראה

zrkadlo

מראת יד

kozmetické zrkadlo

סכין גילוח

žiletka

קצף גילוח

pena na holenie

אפטרשייב

voda po holení

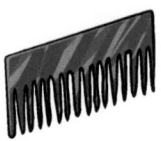

מסרק

hrebeň

מברשת

kefa

מייבש שיעור

sušič vlasov

ספריי לשיער

sprej na vlasy

איפור

make-up

שפתון

rúž

לק

lak na nechty

צמר גפן

vata

מספריים לציפורניים

nožnice na nechty

בושם

parfum

תיק כלי רחצה

kozmetická taška

שרפרף

stolček

משקל

váha

חלוק רחצה

kúpací plášť

כפפות גומי

gumové rukavice

טמפון

tampón

תחבושת סניטרית

menštruačná vložka

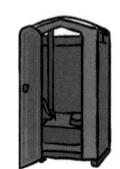

שירותים כימיקליים

chemické WC

חדר ילדים
detská izba

שעון מעורר
budík
צעצוע חיבוק
plyšová hračka
מכונית צעצוע
hračkárske auto
רעשן
hrkálka
בית בובות
domček pre bábiky
מתנה
dar

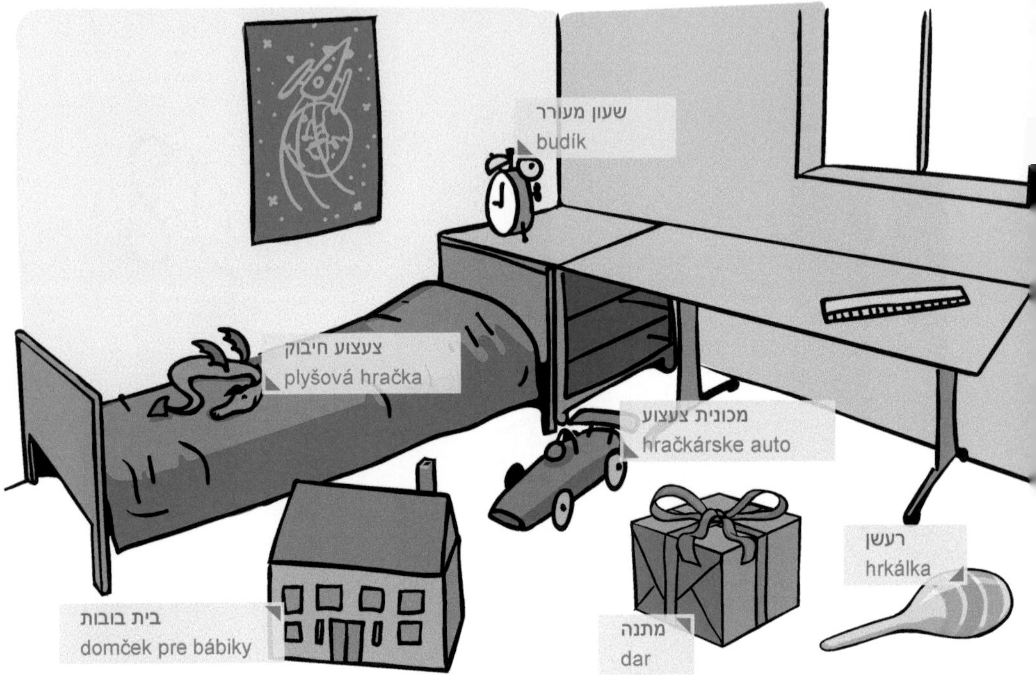

בלון
balón

מיטה
posteľ

עגלה
detský kočík

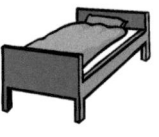

משחק קלפים
karty

פאזל
puzzle

קומיקס
komix

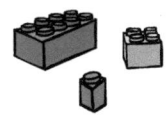

לגו

skladačka lego

קוביות משחק

stavebnica

דמות משחק

akčná postavička

סרבל תינוקות

dupačky

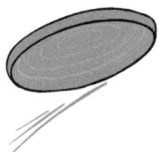

פריזבי

lietajúci tanier

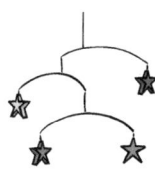

נייד

závesné hračky

משחק לוח

stolová hra

קוביה

kocka

רכבת צעצוע

modelový vláčik

מוצץ

cumlík

מסיבה

párty

אלבום תמונות

obrázková kniha

כדור

lopta

בובה

bábika

שיחק

hrať sa

ארגז חול

pieskovisko

נדנדה

hojdačka

צעצועים

hračky

קונסולת משחקים

hracia konzola

אופניים תלת גלגלי

trojkolka

דובון

medvedík

ארון בגדים

šatník

בגדים
šatstvo

גרביים

ponožky

גרביונים

pančuchy

גרביון

pančuchové nohavičky

צעיף
šál

חגורה
opasok

מטריה
dáždnik

חולצת טי
tričko

מגפיים
čižmy

נעלי בית
papuče

נעלי ספורט
tenisky

סנדלים
....
sandále

נעליים
....
topánky

מגפי גומי
....
gumáky

תחתונים
....
spodky

חזייה
....
podprsenka

וסט
....
tielko

גוף

body

מכנסיים

nohavice

ג'ינס

džínsy

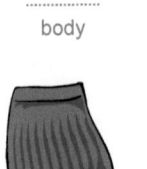

חצאית

sukňa

חולצה מכופתרת

blúzka

חולצה

košeľa

אפודה

pulóver

סווצ'ר עם קפוצ'ון

sveter

בלייזר

blejzer

ז'קט

bunda

מעיל

kabát

מעיל גשם

pršiplášť

תלבושת

kostým

שמלה

šaty

שמלת כלה

svadobné šaty

חליפה
oblek

כותונת לילה
nočná košeľa

פיג'מה
pyžamo

סארי
sari

מטפחת ראש
šatka na hlavu

טורבן
turban

בורקה
burka

קאפטן
kaftan

עבאיה
abaja

בגד ים
dvojdielne plavky

בגד ים
plavky

מכנסיים קצרים
šortky

בגד אימון
tepláková súprava

סינר
zástera

כפפות
rukavice

כפתור

gombík

משקפיים

okuliare

צמיד יד

náramok

שרשרת

retiazka

טבעת

prsteň

עגיל

náušnica

כובע

čiapka

קולב

vešiak

כובע

klobúk

עניבה

kravata

רוכסן

zips

קסדה

prilba

כתפיות

traky

תלבושת בית ספר

školská uniforma

מדים

uniforma

מפית אוכל
podbradník

מוצץ
cumlík

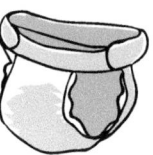

חיתול
plienka

משרד
kancelária

שרת
server
תיקייה
skriňa na spisy
נייר
papier
מדפסת
tlačiareň
מסך
monitor
שולחן עבודה
písací stôl
עכבר
myš
תיק
zakladač
מקלדת
klávesnica
סל נייר
kôš na papier
מחשב
počítač
כסא
stolička

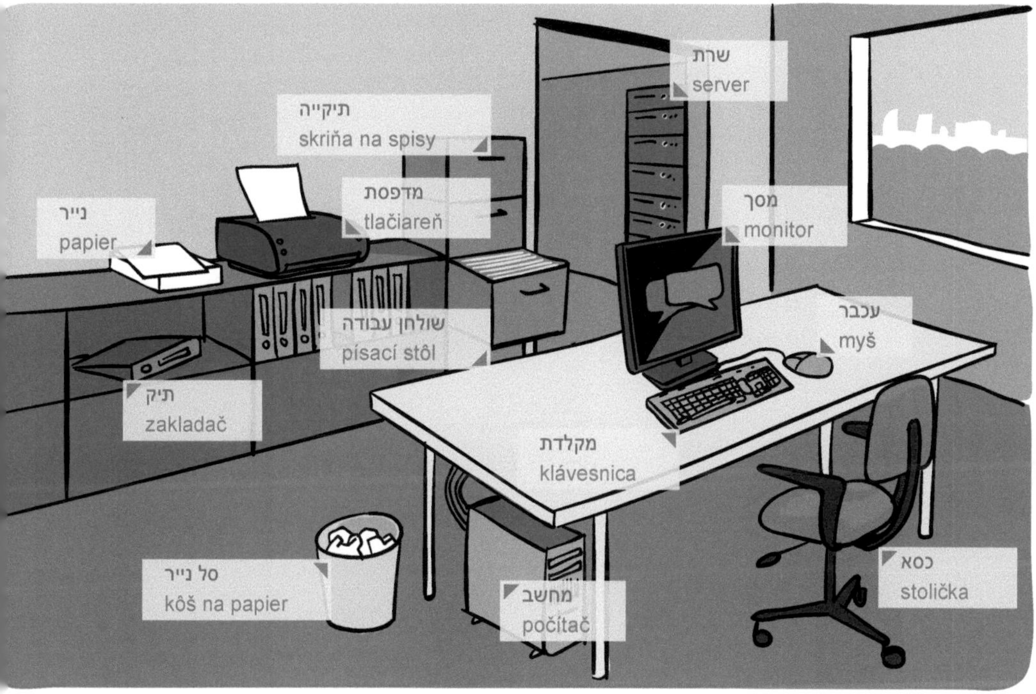

ספל קפה
hrnček na kávu

מחשבון
kalkulačka

אינטרנט
internet

מחשב נייד

laptop

מכתב

list

הודעה

správa

נייד

mobil

רשת

sieť

מכונת צילום

kopírka

תוכנה

softvér

טלפון

telefón

שקע

elektrická zásuvka

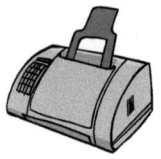

פקס

fax

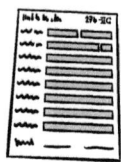

טופס

formulár

מסמך

doklad

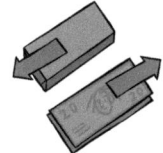

כלכלה
hospodárstvo

קנה

kúpiť

שילם

platiť

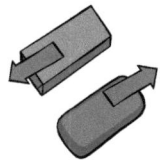

סחר

obchodovať

כסף

peniaze

דולר

dolár

יורו

euro

ין

jen

רובל

rubeľ

פרנק שווייצרי

švajčiarsky frank

יואן רנמינבי

čínsky jüan

רופי

rupia

כספומט

bankomat

המרת מטבע

zmenáreň

זהב

zlato

כסף

striebro

נפט

ropa

אנרגיה

energia

מחיר

cena

חוזה

zmluva

מס

daň

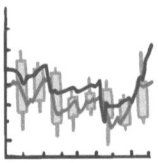

מנייה

akcia

עבד

pracovať

עובד

zamestnanec

מעסיק

zamestnávateľ

מפעל

továreň

חנות

obchod

מקצועות
povolania

שוטר
policajt
כבאי
hasič
טבח
kuchár
רופא
lekár
טייס
pilót

גנן

záhradník

נגר

stolár

תופרת

krajčírka

שופט

sudca

כימאי

chemik

שחקן

herec

נהג אוטובוס

vodič autobusu

נהג מונית

taxikár

דייג

rybár

עובדת נקיון

upratovačka

מתקן גגות

pokrývač

מלצר

čašník

צייד

poľovník

צייר

maliar

אופה

pekár

חשמלאי

elektrikár

עובד בניין

stavebný robotník

מהנדס

inžinier

קצב

mäsiar

אינסטלטור

klampiar

דוור

poštár

חייל

vojak

אדריכל

architekt

קופאי

pokladník

מוכר פרחים

kvetinár

ספר

kaderník

כרטיסן

sprievodca

מכונאי

mechanik

קברניט

kapitán

רופא שיניים

zubár

מדען

vedec

רב

rabín

אימאם

imám

נזיר

mních

כומר

farár

כלי עבודה

náradie

פטיש
kladivo
צבת
מברג
skrutkovač
מפתח ברגים
kľúč na skrutky
פנס
baterka

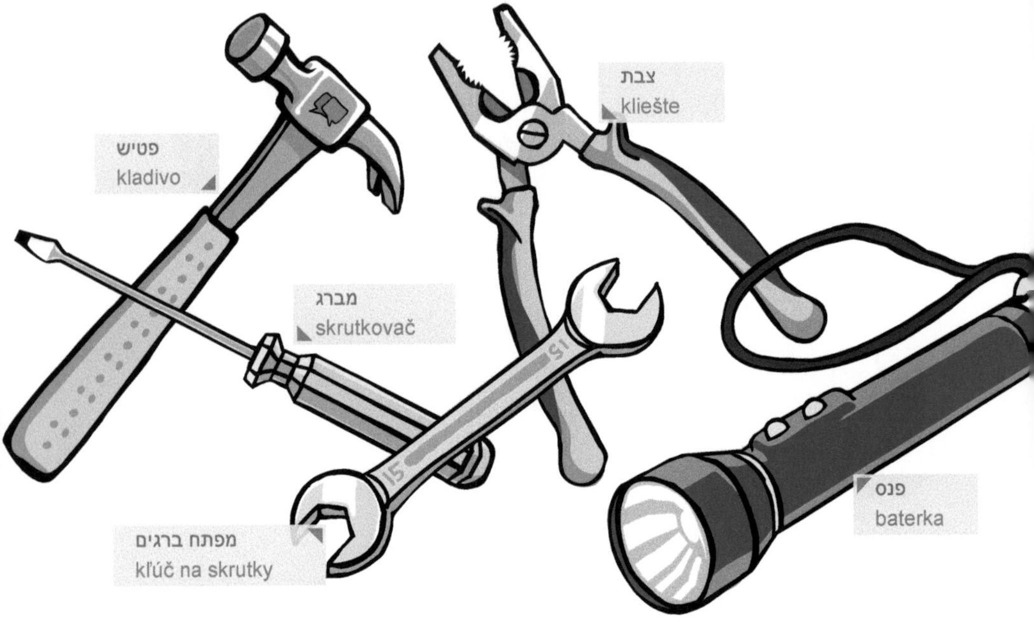

דחפור

bager

ארגז כלים

súprava náradia

סולם

rebrík

מסור

pílka

מסמרים

klince

מקדחה

vrták

תיקן

opraviť

את חפירה

lopata

לעזאזל!

Do čerta!

יעה

lopatka na smeti

פח צבע

nádoba s farbou

ברגים

skrutky

כלי נגינה
hudobné nástroje

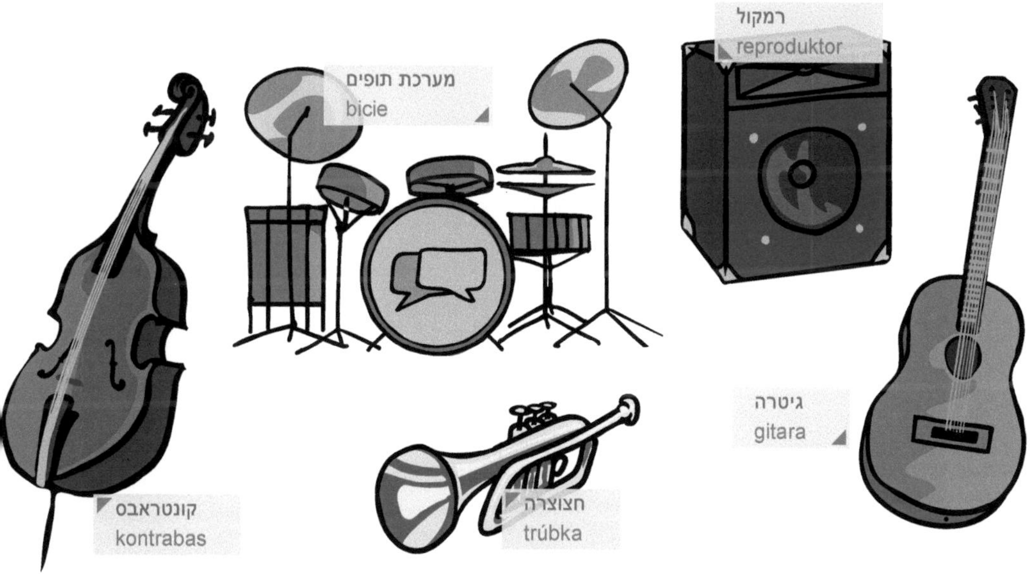

רמקול
reproduktor
מערכת תופים
bicie
גיטרה
gitara
קונטראבס
kontrabas
חצוצרה
trúbka

פסנתר

klavír

כינור

husle

בס

basa

תוף הדוד

tympany

תופים

bubon

מקלדת פסנתר

klávesnica

סקסופון

saxofón

חליל

flauta

מיקרופון

mikrofón

גן חיות

ZOO

כניסה
vstup
נמר
tiger
כלוב
klietka
זברה
zebra
מזון לחיות
krmivo pre zver
פנדה
panda

בעלי חיים

zvieratá

פיל

slon

קנגרו

klokan

קרנף

nosorožec

גורילה

gorila

דוב

medveď

גמל

ťava

יען

pštros

אריה

lev

קוף

opica

פלמינגו

plameniak

תוכי

papagáj

דוב הקרח

ľadový medveď

פינגווין

tučniak

כריש

žralok

טווס

páv

נחש

had

תנין

krokodíl

שומר גן החיות

ošetrovateľ v ZOO

כלב ים

tuleň

יגואר

jaguár

סוס פוני

poník

לאופרד

leopard

היפופוטאם

hroch

ג'ירפה

žirafa

נשר

orol

חזיר בר

diviak

דג

ryba

צב

korytnačka

סוס ים

mrož

שועל

líška

איילה

gazela

ספורט
šport

פוטבול אמריקאי
americký futbal
רכיבת אופניים
cyklistika
טניס
tenis
כדורסל
basketbal
שחיה
plávanie
אגרוף
box
הוקי
hokej

כדורגל

futbal

בדמינטון

bedminton

אתלטיקה

ľahká atletika

כדור-יד

hádzaná

עשה סקי

lyžovanie

פולו

pólo

פעילויות
aktivity

צחק
smiať sa
קפץ
skočiť
חיבק
objať
הלך
chodiť
שר
spievať
חלם
snívať
התפלל
modliť sa
נשק
pobozkať

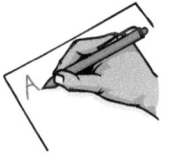

כתב

písať

צייר

kresliť

הראה

ukázať

דחף

tlačiť

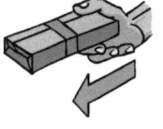

נתן

dať

לקח

brať

יש / להיות הבעלים

mať

עשה

robiť

היה

byť

עמד

stáť

רץ

bežať

משך

ťahať

זרק

hádzať

נפל

padnúť

שכב

ležať

חיכה

čakať

סחב

nosiť

ישב

sedieť

התלבש

obliecť sa

ישן

spať

התעורר

zobudiť sa

הסתכל ב-

pozerať

בכה

plakať

ליטף

hladkať

סירק

česať

דיבר

hovoriť

הבין

rozumieť

שאל

pýtať sa

שמע

počuť

שתה

piť

אכל

jesť

סידר

upratať

אהב

milovať

בישל

variť

נהג

jazdiť

עף

letieť

שט

plachtiť

חישב

počítať

קרא

čítať

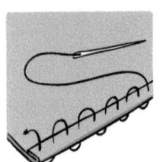

למד

učiť sa

עבד

pracovať

התחתן

oženiť

תפר

šiť

ציחצח שיניים

čistiť zuby

הרג

zabiť

עישן

fajčiť

שלח

poslať

משפחה
rodina

סבתא
stará mama
סבא
starý otec
אבא
otec
אימא
mama
תינוק
bábo
בת
dcéra
בן
syn

אורח
hosť

דודה
teta

דוד
strýko

אח
brat

אחות
sestra

גוף
telo

מצח
čelo
עין
oko
פנים
tvár
סנטר
brada
חזה
hruď
אצבע
prst
כף יד
ruka
זרוע
rameno
כתף
plece
רגל
noha

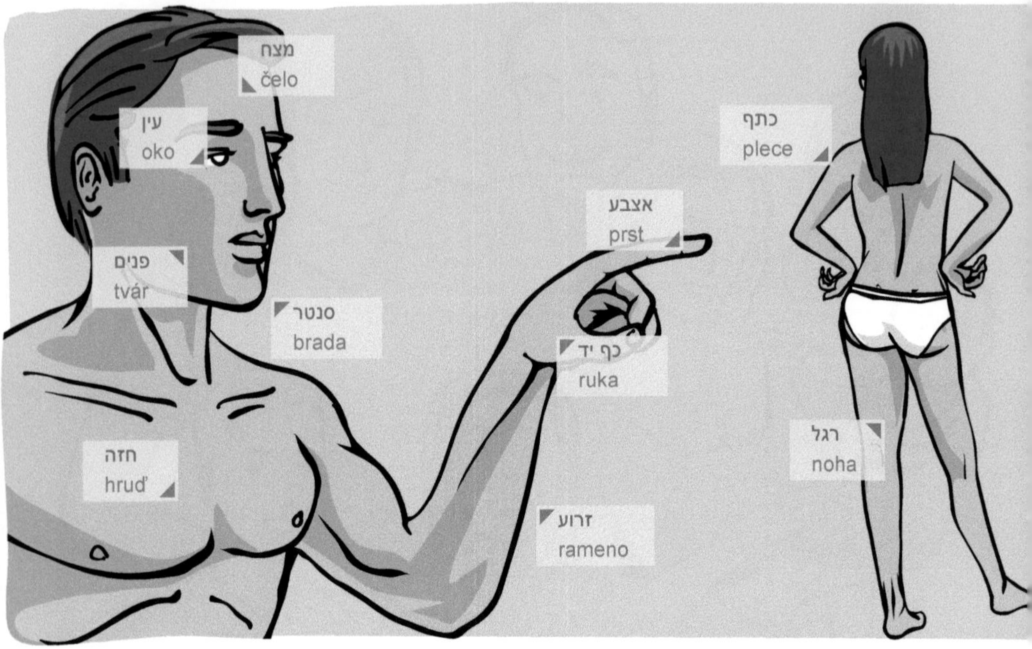

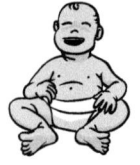

תינוק

bábo

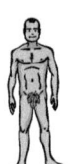

איש

muž

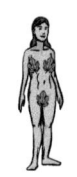

אישה

žena

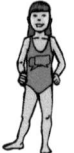

ילדה

dievča

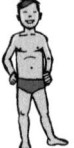

ילד

chlapec

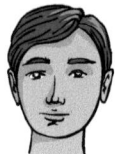

ראש

hlava

גב

chrbát

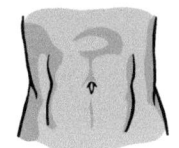

בטן

brucho

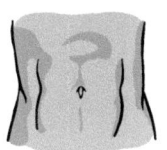

טבור

pupok

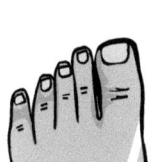

אצבע

prst na nohe

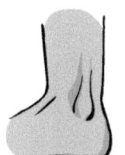

עקב

päta

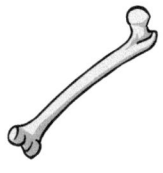

עצם

kosť

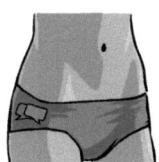

ירך

bok

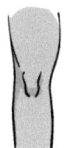

ברך

koleno

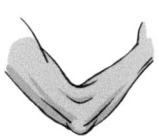

מרפק

lakeť

אף

nos

עכוז

zadok

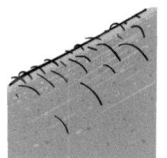

עור

koža

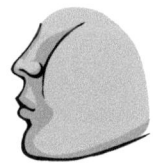

לחי

líce

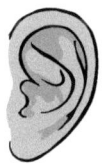

אוזן

ucho

שפתיים

pery

גוף - telo

פה

ústa

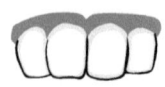

שן

zub

לשון

jazyk

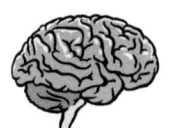

מוח

mozog

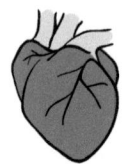

לב

srdce

שריר

svaly

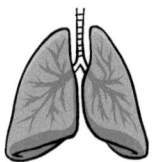

ריאה

pľúca

כבד

pečeň

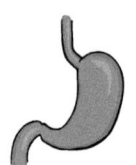

קיבה

žalúdok

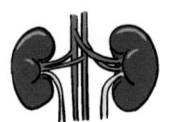

כליות

obličky

מין

pohlavný styk

קונדום

kondóm

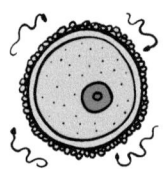

ביצית

vaječná bunka

זרע

semeno

הריון

tehotenstvo

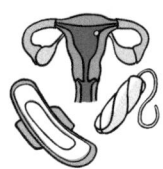

וסת

menštruácia

נרתיק

vagína

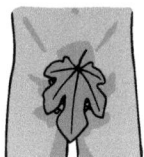

פין

penis

גבה

obočie

שיער

vlasy

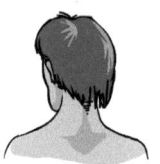

צוואר

krk

בית חולים
nemocnica

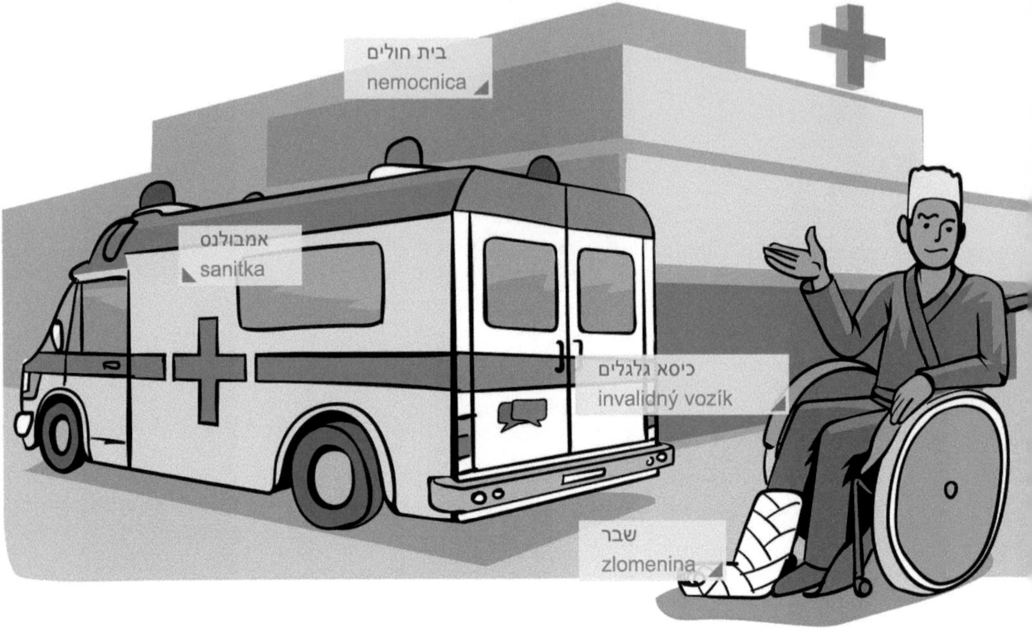

בית חולים
nemocnica
אמבולנס
sanitka
כיסא גלגלים
invalidný vozík
שבר
zlomenina

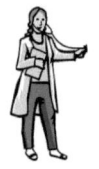

רופא

lekár

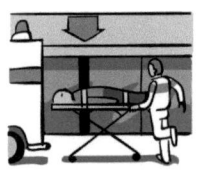

חדר מיון

urgentný príjem

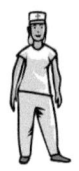

אחות

sestrička

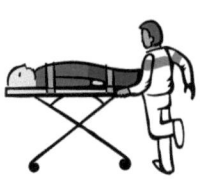

חירום

urgentný prípad

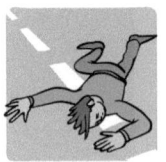

חסר הכרה

v bezvedomí

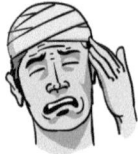

כאב

bolesť

פציעה
zranenie

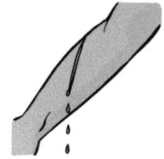

דימום
krvácanie

התקף לב
srdcový infarkt

שבץ
mozgová porážka

אלרגיה
alergia

שיעול
kašeľ

חום
teplota

שפעת
chrípka

שלשול
hnačka

כאב ראש
bolesť hlavy

סרטן
rakovina

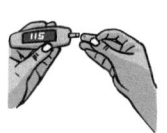

סוכרת
cukrovka

מנתח
chirurg

אזמל
skalpel

ניתוח
operácia

סי-טי

CT

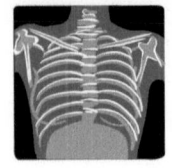

רנטגן

RTG

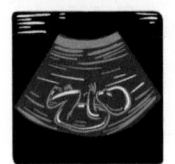

אולטרסאונד

ultrazvuk

מסיכת פנים

maska

מחלה

choroba

חדר המתנה

čakáreň

קבה

barla

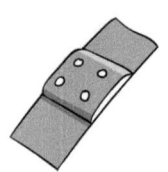

פלסטר

náplasť

תחבושת

obväz

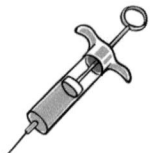

זריקה

injekcia

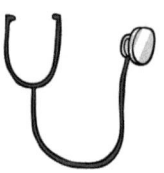

סטטוסקופ

fonendoskop

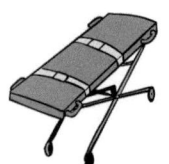

אלונקה

nosidlá

מד חום

teplomer

לידה

pôrod

עודף משקל

nadváha

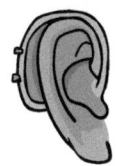

מכשיר שמיעה

audiofón

מחטא

dezinfekčný prostriedok

זיהום

infekcia

נגיף

vírus

איידס

HIV / AIDS

תרופה

medicína

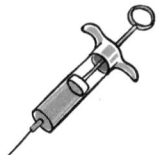

חיסון

očkovanie

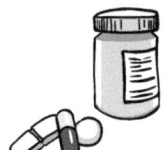

טבליות

tabletky

גלולה

antikoncepčná pilulka

קריאת חירום

tiesňové volanie

מד לחץ דם

tlakomer

חולה / בריא

chorý / zdravý

חירום
urgentný prípad

הצילו!
Pomoc!

אזעקה
alarm

פשיטה
prepad

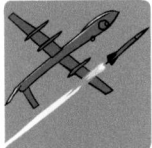

תקיפה
útok

סכנה
nebezpečenstvo

יציאת חירום
núdzový východ

אש!
Horí!

מטף כיבוי
hasičský prístroj

תאונה
nehoda

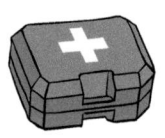

ערכת עזרה ראשונה
kufrík prvej pomoci

הצילו!
SOS

משטרה
polícia

כדור הארץ
Zem

אירופה

Európa

צפון אמריקה

Severná Amerika

דרום אמריקה

Južná Amerika

אפריקה

Afrika

אסיה

Ázia

אוסטרליה

Austrália

האוקיינוס האטלנטי

Atlantický oceán

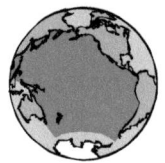

האוקיינוס השקט

Tichý oceán

האוקיינוס ההודי

Indický oceán

האוקיינוס האנטרקטי

Južný oceán

האוקיינוס הארקטי

Severný ľadový oceán

הקוטב הצפוני

Severný pól

הקוטב הדרומי
Južný pól

אנטארקטיקה
Antarktída

כדור הארץ
Zem

אדמה
krajina

ים
more

אי
ostrov

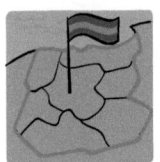

לאום
národ

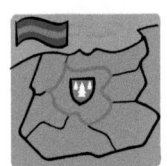

מדינה
štát

שעון

hodiny

פני השעון

ciferník

מחוג השעות

hodinová ručička

מחוג הדקות

minútová ručička

מחוג השניות

sekundová ručička

מה השעה?

Koľko je hodín?

יום

deň

זמן

čas

עכשיו

teraz

שעון דיגיטלי

digitálne hodiny

דקה

minúta

שעה

hodina

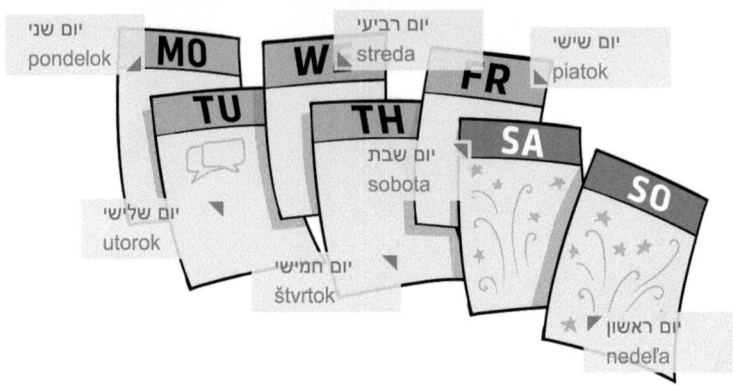

שבוע
týždeň

MO
TU
W
TH
FR
SA
SO
יום שני
pondelok
יום שלישי
utorok
יום רביעי
streda
יום חמישי
štvrtok
יום שישי
piatok
יום שבת
sobota
יום ראשון
nedeľa

אתמול

včera

היום

dnes

מחר

zajtra

בוקר

ráno

צהריים

poludnie

ערב

večer

ימי עבודה

pracovné dni

סוף שבוע

víkend

שנה
rok

גשם
dážď
קשת בענן
dúha
רוח
vietor
שלג
sneh
אביב
jar
קיץ
leto
סתיו
jeseň
חורף
zima

4.APRIL 11°
5.APRIL 4°
6.APRIL 13°
7.APRIL 8°
8.APRIL 10°

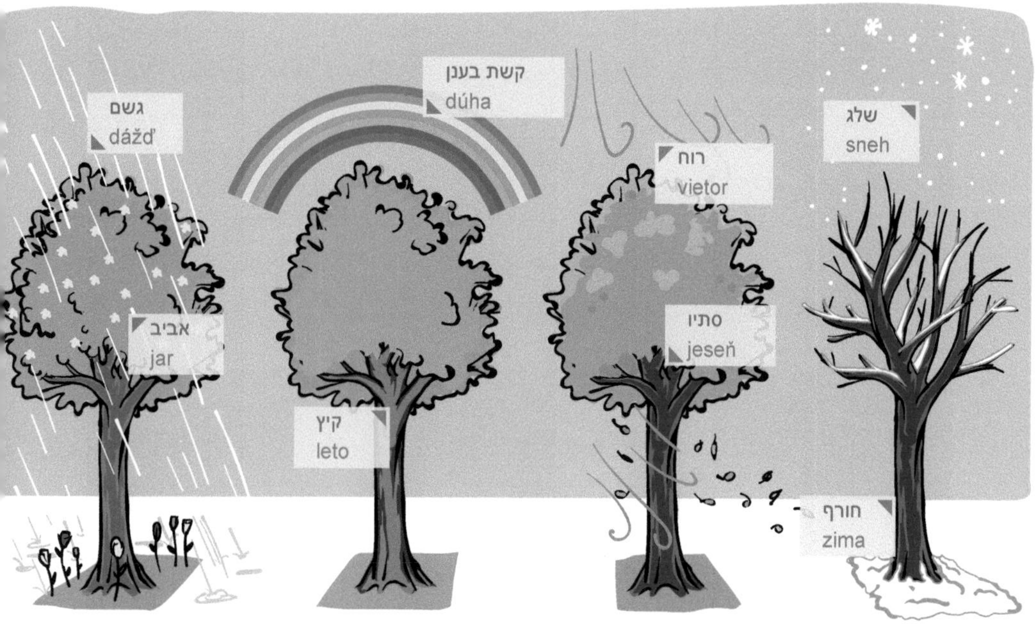

תחזית מזג האוויר

predpoveď počasia

מד חום

teplomer

אור שמש

slnečný svit

ענן

oblak

ערפל

hmla

לחות

vlhkosť vzduchu

ברק
....
blesk

רעם
....
hrom

סערה
....
búrka

ברד
....
krúpy

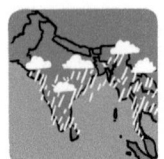

רוח עונתי
....
monzún

שיטפון
....
záplava

קרח
....
ľad

ינואר
....
január

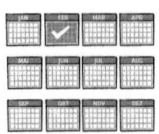

פברואר
....
február

מרץ
....
marec

אפריל
....
apríl

מאי
....
máj

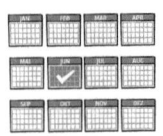

יוני
....
jún

יולי
....
júl

אוגוסט
....
august

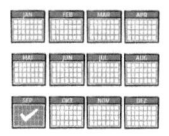

ספטמבר
september

אוקטובר
október

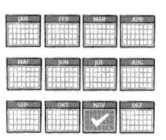

נובמבר
november

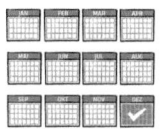

דצמבר
december

צורות

tvary

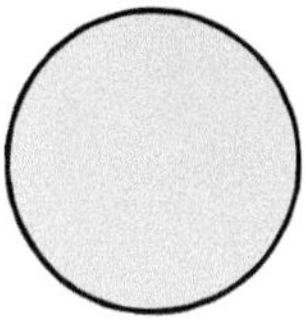

עיגול
kruh

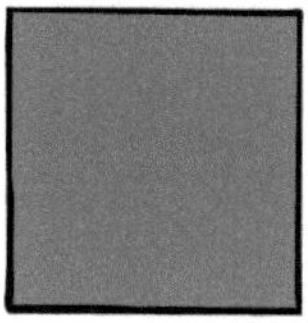

מרובע
štvorec

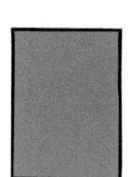

מלבן
obdĺžnik

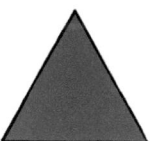

משולש
trojuholník

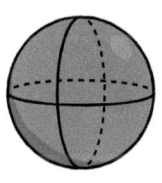

כדור
guľa

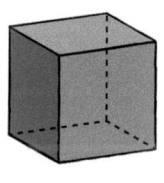

קובייה
kocka

צבעים
farby

לבן

biela

צהוב

žltá

כתום

oranžová

ורוד

ružová

אדום

červená

סגול

fialová

כחול

modrá

ירוק

zelená

חום

hnedá

אפור

šedá

שחור

čierna

הפכים
protiklady

יפה / מכוער

pekný / škaredý

כועס / רגוע

zúrivý / pokojný

הרבה / מעט

veľa / málo

בהיר / כהה

svetlý / tmavý

גדול / קטן

veľký / malý

התחלה / סוף

začiatok / koniec

שלם / חלקי

úplný / neúplný

נקי / מלוכלך

čistý / špinavý

אח / אחות

brat / sestra

רחב / צר

široký / úzky

מת / חי

mŕtvy / živý

יום /לילה

deň / noc

אכיל / לא אכיל

chutný / nechutný

רשע / טוב לב

zlostný / láskavý

מתרגש / משועמם

vzrušený / unudený

שמן / רזה

tlstý / chudý

ראשון / אחרון

prvý / posledný

חבר / אויב

priateľ / nepriateľ

מלא / ריק

plný / prázdny

קשה / רך

tvrdý / mäkký

כבד / קל

ťažký / ľahký

רעב / צמא

hlad / smäd

חולה / בריא

chorý / zdravý

בלתי-חוקי / חוקי

nelegálny / legálny

נבון / טיפש

inteligentný / hlúpy

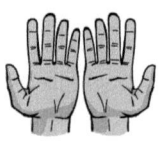

שמאל / ימין

vľavo / vpravo

קרוב / רחוק

blízko / ďaleko

חדש / משומש

nový / použitý

כלום / משהו

nič / niečo

זקן / צעיר

starý / mladý

פעיל / כבוי

zapnuté / vypnuté

פתוח / סגור

otvorené / zatvorené

שקט / רועש

tichý / hlasný

עשיר / עני

bohatý / chudobný

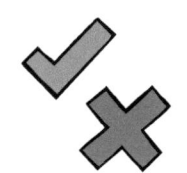

נכון / שגוי

správne / nesprávne

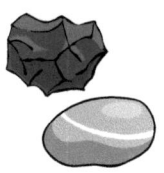

מחוספס / חלק

drsný / hladký

עצוב / שמח

smutný / šťastný

קצר / ארוך

krátky / dlhý

איטי / מהיר

pomaly / rýchlo

רטוב / יבש

mokrý / suchý

חם / קר

teplý / studený

מלחמה / שלום

vojna / mier

מספרים
čísla

0	1	2
אפס	אחת	שתיים
nula	jeden	dva
3	4	5
שלוש	ארבע	חמש
tri	štyri	päť
6	7	8
שש	שבע	שמונה
šesť	sedem	osem
9	10	11
תשע	עשר	אחת-עשרה
deväť	desať	jedenásť

12
שתים-עשרה
dvanásť

13
שלוש-עשרה
trinásť

14
ארבע-עשרה
štrnásť

15
חמש-עשרה
pätnásť

16
שש-עשרה
šestnásť

17
שבע-עשרה
sedemnásť

18
שמונה-עשרה
osemnásť

19
תשע-עשרה
devätnásť

20
עשרים
dvadsať

100
מאה
sto

1.000
אלף
tisíc

1.000.000
מיליון
milión

שפות
jazyky

אנגלית

angličtina

אנגלית אמריקאית

americká angličtina

סינית מנדרינית

mandarínska čínština

הודית

hindčina

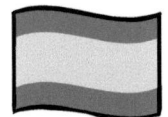

ספרדית

španielčina

צרפתית

francúzština

ערבית

arabčina

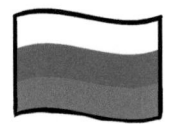

רוסית

ruština

פורטוגזית

portugalčina

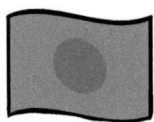

בנגלית

bengálčina

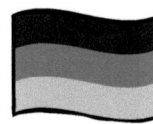

גרמנית

nemčina

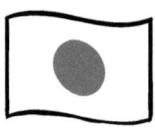

יפנית

japončina

מי / מה / איך
kto/čo/ako

אני

ja

אתה / את

ty

הוא / היא / זה

on/ona/ono

אנחנו

my

אתם

vy

הם

oni

מי?

kto?

מה?

čo?

איך?

ako?

איפה?

kde?

מתי?

kedy?

שם

meno

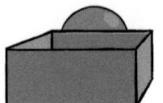

איפה

kde

מאחור

za

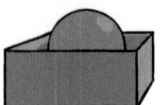

בתוך

v

לפני

pred

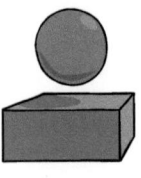

מעל

nad

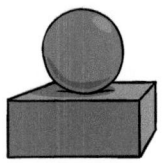

על

na

מתחת

pod

ליד

vedľa

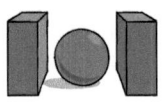

בין

medzi

מקום

miesto